화엄경 제33권(십회향품 제25-11) 해설

제33권에는 불자가 법신를 할 때 어떤 마음이 자세로 해야 할 것인지를 구체적으로 설명하고 있다.

"일체 불찰이 다 청정하게 하고 갖가지 장엄구로 꾸미되 몸에 장애없이 아승지로 하여야 한다."

그리고

"일체 중생들로 하여금 그 청정을 부셔버리지 않게 하여야 한다"

하고 금강당보살이 다음과 같이 게송으로 읊었다.

"菩薩成就法智慧 ~ 所任行願無能量"

十廻向品 第二十五之十

一佛刹 其量廣大 同於法界
不可說 莊嚴具足 而莊嚴之
一切佛刹 皆悉清淨
施所修 善根 如是廻向 不可 願 說
佛子 菩薩摩訶薩 復以 以法

사경의 공덕은 십만억 부처님께 공양한 것과 같은 공덕이 있습니다.

량	일	능	정	순
量	一	能	正	純
無	其	切	顯	覺	淸	善
邊	一	佛	現	一	淨	無
淸	一	刹	一	佛	光	礙
淨	刹	亦	切	刹	明	
妙	悉	復	佛	諸		
寶	以	如	刹	淸	佛	
莊	等	是	如	淨	於	
嚴	法		一	境	中	
之	界		佛	界	現	
具	無		刹	悉	成	

量無邊淸淨妙寶莊嚴之具 其一一刹亦復如是等法界無 一切佛現刹亦復如佛刹 正覺顯現一切佛刹 淸淨光明諸佛淸淨於中現成 純善無礙

사경의 공덕은 십만억 부처님께 공양한 것과 같은 공덕이 있습니다.

	而	寶	寶	妙	普	清
阿	爲	座	網		雨	淨
僧	嚴	敷	垂	互	衆	
祇	飾	衆	布	相	寶	
衆	所	寶	阿	暎	阿	
寶	謂	衣	僧	徹	僧	
所	阿	阿	祇	阿	祇	
成	僧	僧	寶	僧	寶	
欄	祇	祇	蓋	祇	華	
楯	寶	寶	一	寶	周	
軒	淨	帳	切	雲	徧	

사경의 공덕은 십만억 부처님께 공양한 것과 같은 공덕이 있습니다.

中	祇	列	敷	阿	演	檻
중	기	렬	부	아	연	함
阿	寶	無	榮	僧	諸	淸
아	보	무	영	승	제	청
僧	宮	量	曜	祇	佛	淨
승	궁	량	요	기	불	정
祇	殿	妙	阿	寶	微	莊
기	전	묘	아	보	미	장
寶	無	寶	僧	蓮	妙	嚴
보	무	보	승	련	묘	엄
樓	量	以	祇	華	音	阿
루	량	이	기	화	음	아
閣	菩	爲	寶	種	聲	僧
각	보	위	보	종	성	승
廣	薩	華	樹	種	周	祇
광	살	화	수	종	주	기
博	止	果	周	寶	流	寶
박	지	과	주	보	류	보
崇	住	阿	帀	色	法	鈴
숭	주	아	잡	색	법	령
麗	其	僧	行	開	界	常
려	기	승	행	개	계	상

사경의 공덕은 십만억 부처님께 공양한 것과 같은 공덕이 있습니다.

集집	僧승	幢당	寶보	莊장		延연
成성	祇기	牖유	瓔영	嚴엄	阿아	袤무
如여	寶보	不불	珞락	妙묘	僧승	遠원
是시	多다	思사	周주	好호	祇기	近근
一일	羅라	議의	帀잡	阿아	寶보	
切체	形형	寶보	垂수	僧승	却각	
悉실	如여	清청	布포	祇기	敵적	
以이	半반	淨정	阿아	寶보	大대	
衆중	月월	莊장	僧승	門문	寶보	
寶보	衆중	嚴엄	祇기	闥달	所소	
而이	寶보	阿아	寶보	妙묘	成성	

사경의 공덕은 십만억 부처님께 공양한 것과 같은 공덕이 있습니다.

常상	水수	切체		數수	無무	爲위
出출	盈영	淸청	復부	寶보	非비	嚴엄
妙묘	滿만	淨정	有유	藏장	如여	飾식
法법	阿아	善선	阿아	莊장	來래	離리
芬분	僧승	法법	僧승	嚴엄	善선	垢구
陀다	祇기	阿아	祇기		根근	淸청
利리	寶보	僧승	寶보		所소	淨정
聲성	芬분	祇기	河하		起기	不불
阿아	陀다	寶보	流류		具구	可가
僧승	利리	海해	出출		足족	思사
祇기	華화	法법	一일		無무	議의

寶	淨	穿	常			出
보	정	천	상			출
須	阿	嚴	放		阿	妙
수	아	엄	방		아	묘
彌	僧	淨	無		僧	音
미	승	정	무		승	음
山	祇	無	礙		祇	聲
산	기	무	애		기	성
智	八	比	大		寶	阿
지	팔	비	대		보	아
慧	楞	阿	智		鈴	僧
혜	릉	아	지		령	승
山	妙	僧	光		鐸	祇
산	묘	승	광		탁	기
王	寶	祇	明		更	淸
왕	보	기	명		갱	청
秀	寶	淨	普		相	淨
수	보	정	보		상	정
出	線	光	照		扣	寶
출	선	광	조		고	보
淸	貫	寶	法		擊	諸
청	관	보	법		격	제

사경의 공덕은 십만억 부처님께 공양한 것과 같은 공덕이 있습니다.

	空	無	嚴	僧	繒	菩
阿	中	量	飾	祇	綵	薩
僧	莊	寶	阿	妙	處	寶
祇	嚴	幡	僧	寶	處	具
寶	殊	阿	祇	幢	垂	足
敷	妙	僧	寶	以	下	充
具		祇	幡	寶	色	滿
能		寶	悉	半	相	阿
生		帶	能	月	光	僧
種		垂	普	而	潔	祇
種		布	雨	爲	阿	寶

僧승	嚴엄	一일	妙묘	瓔영	現현	微미
祇기	具구	切체	莊장	珞락	菩보	細세
種종	金금	妙묘	嚴엄	一일	薩살	樂락
種종	剛강	絶절	阿아	一일	一일	觸촉
妙묘	摩마	無무	僧승	瓔영	切체	阿아
寶보	尼니	比비	祇기	珞락	智지	僧승
莊장	以이	阿아	寶보	百백	眼안	祇기
嚴엄	爲위	僧승	宮궁	千천	阿아	妙묘
具구	嚴엄	祇기	殿전	菩보	僧승	寶보
常상	飾식	寶보	超초	薩살	祇기	旋선
現현	阿아	莊장	過과	上상	寶보	示시

사경의 공덕은 십만억 부처님께 공양한 것과 같은 공덕이 있습니다.

一	寶		市	香	祇	界
일	보		잡	향	기	계
切	殊	阿	圍	其	寶	阿
체	수	아	위	기	보	아
淸	形	僧	遶	香	化	僧
청	형	승	요	향	화	승
淨	異	祇	淸	普	事	祇
정	이	기	청	보	사	기
妙	彩	寶	淨	熏	一	寶
묘	채	보	정	훈	일	보
色	光	山	無	一	一	光
색	광	산	무	일	일	광
阿	鑒	以	礙	切	化	明
아	감	이	애	체	화	명
僧	暎	爲	阿	世	事	一
승	영	위	아	세	사	일
祇	徹	垣	僧	界	周	一
기	철	원	승	계	주	일
淸		牆	祇	阿	徧	光
청		장	기	아	변	광
淨		周	寶	僧	法	明
정		주	보	승	법	명

사경의 공덕은 십만억 부처님께 공양한 것과 같은 공덕이 있습니다.

現復有阿僧祇寶光明淸淨智光照了諸法復有阿僧祇無礙寶光明一一光明周徧法界有阿僧祇寶處一切諸寶皆悉具足阿僧祇寶藏開示一切正

無무	阿아	祇기	園원	智지	相상	法법
量량	僧승	寶보	生생	賢현	廻회	藏장
妙묘	祇기	音음	諸제	像상	然연	寶보
法법	寶보	如여	菩보	具구	高고	阿아
光광	形형	來래	薩살	足족	出출	僧승
明명	其기	妙묘	三삼	淸청	阿아	祇기
	一일	音음	昧매	淨정	僧승	寶보
	一일	普보	快쾌	阿아	祇기	幢당
	形형	示시	樂락	僧승	寶보	如여
	皆개	世세	阿아	祇기	賢현	來래
	放방	間간	僧승	寶보	大대	幢당

사경의 공덕은 십만억 부처님에 공양한 것과 같은 공덕이 있습니다.

諸	阿	寶	見	皆	超
제	아	보	견	개	초
菩	僧	安	者	生	衆	阿
보	승	안	자	생	중	아
薩	祇	住	皆	菩	相	僧
살	기	주	개	보	상	승
無	寶	見	生	薩	阿	祇
무	보	견	생	살	아	기
比	衣	者	智	喜	僧	寶
비	의	자	지	희	승	보
三	服	皆	慧	樂	祇	相
삼	복	개	혜	락	기	상
昧	其	生	寶	阿	寶	其
매	기	생	보	아	보	기
阿	有	善	聚	僧	威	一
아	유	선	취	승	위	일
僧	著	住	阿	祇	儀	一
승	착	주	아	기	의	일
祇	者	寶	僧	寶	見	相
기	자	보	승	보	견	상
寶	生	心	祇	聚	者	悉
보	생	심	기	취	자	실

사경의 공덕은 십만억 부처님께 공양한 것과 같은 공덕이 있습니다.

僧祇寶光藏其有見者則得
見者得了一切清淨法眼
淨阿僧祇寶無礙業知見其
知一切寶皆是業果決定有
　阿僧祇寶修習其有見者
得善見陀羅尼門
袈裟其有著者纔始發心則

成就	佛坐	寶燈	僧祇	以寶	阿僧	圓潔
대	기	상	보	승	기	
大	其	常	寶	繩	祇	
智	上	放	多	莊	寶	
慧	大	清	羅	嚴	幹	
藏	師	淨	樹	清	從	
阿	子	智	次	淨	身	
僧	吼	慧	第	其	聳	
祇	阿	光	行	樹	擢	
寶	僧	明	列	復	端	
座	祇	阿	繚	有	直	

사경의 공덕은 십만억 부처님께 공양한 것과 같은 공덕이 있습니다.

嚴	常	寶	僧	薩	祇
엄	상	보	승	살	기

祇寶果見者當得一切智智
薩結跡趺坐徧遊法界阿僧
僧祇寶華一一華上無量菩
寶葉放大智光徧一切處阿
常吐妙音宣揚正法阿僧祇
嚴稠密不思議鳥翔集其中
　阿僧祇寶枝種種衆寶莊

사경의 공덕은 십만억 부처님께 공양한 것과 같은 공덕이 있습니다.

轉 전	勇 용	處 처	於 어		者 자	不 불
阿 아	猛 맹	其 기	中 중	阿 아	捨 사	退 퇴
僧 승	堅 견	中 중	盈 영	僧 승	離 리	轉 전
祇 기	固 고	具 구	滿 만	祇 기	世 세	果 과
寶 보	被 피	足 족	阿 아	寶 보	聚 취	阿 아
舍 사	法 법	菩 보	僧 승	都 도	落 락	僧 승
入 입	甲 갑	薩 살	祇 기	邑 읍	法 법	祇 기
者 자	胄 주	那 나	寶 보	無 무		寶 보
能 능	心 심	羅 라	宮 궁	礙 애		聚 취
除 제	無 무	延 연	殿 전	衆 중		落 락
戀 련	退 퇴	身 신	王 왕	生 생		見 견

사경의 공덕은 십만억 부처님께 공양한 것과 같은 공덕이 있습니다.

舍宅心阿僧祇寶衣著者能
사택심아승기보의착자능

令解了無著阿僧祇寶宮殿
령해료무착아승기보궁전

出家菩薩充滿其中
출가보살충만기중

阿僧祇寶珍玩見者咸生
아승기보진완견자함생

無量歡喜阿僧祇寶輪放不
무량환희아승기보륜방불

思議智慧光明轉不退輪阿
사의지혜광명전불퇴륜아

僧祇寶跋陀樹因陀羅網莊
승기보발다수인다라망장

無무	無무		鼓고	音음	寶보	嚴엄
量량	上상	阿아	妙묘	淸청	間간	淸청
功공	法법	僧승	音음	亮량	錯착	淨정
德덕	寶보	祇기	克극	充충	莊장	阿아
妙묘	阿아	寶보	諧해	滿만	嚴엄	僧승
寶보	僧승	衆중	窮궁	法법	阿아	祇기
阿아	祇기	生생	劫겁	界계	僧승	寶보
僧승	寶보	盡진	不부	阿아	祇기	地지
祇기	身신	能능	絶절	僧승	寶보	不불
寶보	具구	攝섭		祇기	吹취	思사
口구	足족	持지		寶보	其기	議의

사경의 공덕은 십만억 부처님께 공양한 것과 같은 공덕이 있습니다.

大方廣佛華嚴經 19

常演一切妙法寶音　阿僧祇寶心　具清淨意　大智願寶　阿僧祇寶　念斷諸愚惑　究竟堅固　一切智　佛法阿僧祇寶　明誦持一切　諸佛法寶　阿僧祇寶慧　決了一切諸佛法藏　阿僧祇寶智　得大圓

사경의 공덕은 십만억 부처님께 공양한 것과 같은 공덕이 있습니다.

大方廣佛華嚴經　20

滿	十	耳	無	清	無	
一	力	聽	礙	淨	量	阿
切	寶	聞	阿	寶	諸	僧
智	無	無	僧	香	語	祇
寶	所	量	祇	阿	言	寶
阿	障	盡	寶	僧	法	身
僧	礙	法	鼻	祇		徧
祇	阿	界	常	寶		遊
寶	僧	聲	齅	舌		十
眼	祇	清	隨	能		方
鑒	寶	淨	順	說		而

사경의 공덕은 십만억 부처님께 공양한 것과 같은 공덕이 있습니다.

礙애	智지	僧승	身신	妙묘	習습	無무
廣광	寶보	祇기	業업	音음	普보	罣가
大대	阿아	寶보	一일	聲성	賢현	礙애
智지	僧승	語어	切체	徧변	行행	阿아
寶보	祇기	業업	所소	十시	願원	僧승
究구	寶보	常상	作작	方방	阿아	祇기
竟경	意의	說설	以이	界계	僧승	寶보
圓원	業업	修수	智지	阿아	祇기	意의
滿만	得득	行행	爲위	僧승	寶보	常상
	無무	無무	首수	祇기	音음	勤근
	障장	礙애	阿아	寶보	淨정	修수

사경의 공덕은 십만억 부처님께 공양한 것과 같은 공덕이 있습니다.

一切諸佛佛子菩薩摩訶薩於於彼方一

切處諸佛子菩薩摩訶薩於彼方

不可說說數諸大菩薩無量無邊方

就清淨智慧充滿而住皆如一成

佛刹一一方一一處充滿菩薩而住皆悉如一成

是盡虛空遍法界

사경의 공덕은 십만억 부처님께 공양한 것과 같은 공덕이 있습니다.

一	悉	以	切	莊		香
일	실	이	체	장		향
一	亦	諸	諸	嚴	如	莊
일	역	제	제	엄	여	장
方	如	善	佛		寶	嚴
방	여	선	불		보	엄
一	是	根	國		莊	華
일	시	근	국		장	화
一	是	而	土		嚴	莊
일	시	이	토		엄	장
處	爲	爲	悉		如	嚴
처	위	위	실		여	엄
一	菩	廻	具		是	鬘
일	보	회	구		시	만
一	薩	向	種		廣	莊
일	살	향	종		광	장
毛	摩	普	種		說	嚴
모	마	보	종		설	엄
端	訶	願	妙		如	塗
단	하	원	묘		여	도
量	薩	一	寶		是	香
량	살	일	보		시	향

사경의 공덕은 십만억 부처님께 공양한 것과 같은 공덕이 있습니다.

莊 장	莊 장	摩 마	百 백		等 등	根 근
嚴 엄	嚴 엄	尼 니	倍 배	佛 불	所 소	故 고
燒 소	蓋 개	寶 보	皆 개	子 자	集 집	廻 회
香 향	莊 장	莊 장	如 여	菩 보	善 선	向 향
莊 장	嚴 엄	嚴 엄	寶 보	薩 살	根 근	爲 위
嚴 엄	幢 당	次 차	莊 장	摩 마	爲 위	嚴 엄
末 말	莊 장	第 제	嚴 엄	訶 하	長 장	淨 정
香 향	嚴 엄	乃 내	如 여	薩 살	養 양	一 일
莊 장	幡 번	至 지	是 시	以 이	一 일	切 체
嚴 엄	莊 장	過 과	廣 광	法 법	切 체	佛 불
衣 의	嚴 엄	此 차	說 설	施 시	善 선	刹 찰

사경의 공덕은 십만억 부처님께 공양한 것과 같은 공덕이 있습니다.

	功德故廻向	一切故廻向	皆入甚深	不動故廻向	廻向爲令一	故廻向爲
爲令一切衆生皆得不可			衆生皆得無能過清淨	佛法故令廻向一切	爲令一切衆生皆心淨	廻向爲成就一切衆生故

사경의 공덕은 십만억 부처님께 공양한 것과 같은 공덕이 있습니다.

사경의 공덕은 십만억 부처님께 공양한 것과 같은 공덕이 있습니다.

사경의 공덕은 십만억 부처님께 공양한 것과 같은 공덕이 있습니다.

生	根		功	業	得	一
皆	故	爲	德	故	同	切
得	廻	令	具	廻	於	衆
平	向	一	足	向	普	生
等		切	爲	賢	皆
無		衆	嚴	令	行	得
分		生	清	一	故	入
別		皆	淨	切	廻	一
同		得	身	衆	向	切
體		一	語	生	爲	同
善		切	意	皆	令	體

사경의 공덕은 십만억 부처님께 공양한 것과 같은 공덕이 있습니다.

大方廣佛華嚴經 29

清淨佛剎故迴向。爲令一切衆生悉觀察。爲一切智皆趣入。一切衆生皆得遠離不平等善根故。迴向爲令一切衆生皆得平等。無異相深心次第圓滿一切

사경의 공덕은 십만억 부처님께 공양한 것과 같은 공덕이 있습니다.

智故(지고) 得安住(득안주) 令一(영일) 一切(일체) 一切(일체) 切(체)
廻向(회향) 一切(일체) 智(지) 衆(중) 佛(불)
爲(위) 衆生(중생) 得(득) 生(생) 智(지) 子(자)
令一切(영일체) 皆(개) 究竟(구경) 皆(개) 道故(도고) 菩(보)
衆生(중생) 於(어) 故(고) 得(득) 廻向(회향) 薩(살)
皆(개) 一念中(일념중) 廻向(회향) 成滿(성만) 摩(마)
證(증) 令(령) 淸淨(청정) 訶(하)
爲(위) 薩(살)
皆(개) 以(이)
諸(제)
善(선)

사경의 공덕은 십만억 부처님께 공양한 것과 같은 공덕이 있습니다.

大方廣佛華嚴經

界清淨智光明故廻向欲開
於一法海具足無量等法
可一說不可說法海故廻向欲
　欲成就清淨行法威力故廻得欲不
說一切以此善根欲普圓滿廻向
已復為一切眾生如是廻向演
根普為一切眾生如是廻向

사경의 공덕은 십만억 부처님께 공양한 것과 같은 공덕이 있습니다.

示演說一切法無邊差別廣大句義故
廻向欲成一就無廻向廣大欲隨順一切故
法光明三昧辯才故廻向欲成隨順一切故
三世諸佛現在一切故廻向自在
就去來現　一切佛　自在身成
故廻向　　　　　　
爲尊重一切佛可愛樂無

사경의 공덕은 십만억 부처님께 공양한 것과 같은 공덕이 있습니다.

	廻	清	法	故	心	障
	회	청	법	고	심	장
欲	向	淨	無	廻	救	礙
욕	향	정	무	회	구	애
於		普	障	向	護	法
어		보	장	향	호	법
一		入	礙	欲	一	故
일		입	애	욕	일	고
切		一	智	成	切	廻
체		일	지	성	체	회
若		切	心	就	衆	向
약		체	심	취	중	향
覆		衆	無	不	生	爲
부		중	무	불	생	위
若		會	垢	思	常	滿
약		회	구	사	상	만
仰		道	染	議	無	足
앙		도	염	의	무	족
若		場	諸	差	退	大
약		량	제	차	퇴	대
麤		故	根	別	轉	悲
추		고	근	별	전	비

	向 향	才 재	得 득	退 퇴	是 시	若 약
爲 위		妙 묘	無 무	法 법	等 등	細 세
樂 락		法 법	所 소	輪 륜	諸 제	若 약
求 구		光 광	畏 외	故 고	佛 불	廣 광
衆 중		明 명	無 무	廻 회	國 국	若 약
善 선		開 개	有 유	向 향	土 토	狹 협
發 발		示 시	窮 궁	欲 욕	常 상	小 소
心 심		演 연	盡 진	於 어	轉 전	大 대
修 수		說 설	種 종	念 념	平 평	染 염
習 습		故 고	種 종	念 념	等 등	淨 정
諸 제		廻 회	辯 변	中 중	不 불	如 여

사경의 공덕은 십만억 부처님께 공양한 것과 같은 공덕이 있습니다.

善		令	養	欲	盡	根
根	佛	歡	爲	於	能	轉
如	子	喜	一	一	了	勝
是	菩	故	切	切	知	獲
廻	薩	廻	衆	衆	一	一
向	摩	向	生	會	切	切
所	訶		演	道	諸	法
謂	薩		一	場	法	大
以	又		切	親	故	神
住	以		法	近	廻	通
法	此		咸	供	向	智

사경의 공덕은 십만억 부처님께 공양한 것과 같은 공덕이 있습니다.

사경의 공덕은 십만억 부처님께 공양한 것과 같은 공덕이 있습니다.

사경의 공덕은 십만억 부처님께 공양한 것과 같은 공덕이 있습니다.

사경의 공덕은 십만억 부처님께 공양한 것과 같은 공덕이 있습니다.

사경의 공덕은 십만억 부처님께 공양한 것과 같은 공덕이 있습니다.

等　法　量　調　　　平
佛　廻　界　法　伏　以　等
子　向　無　界　平　住　廻
菩　　　量　無　等　法　向
薩　　　　　二　廻　界
摩　　　如　平　向　無
訶　　　來　等　以　量
薩　　　眾　等　以　量
如　　　會　廻　住　菩
是　　　道　向　法　薩
廻　　　場　以　界　教
　　　　平　住　無　化

사경의 공덕은 십만억 부처님께 공양한 것과 같은 공덕이 있습니다.

사경의 공덕은 십만억 부처님께 공양한 것과 같은 공덕이 있습니다.

廣說諸法　清淨智　安住法界　無量平等　能入盡　法界一切世界　一切法身　光明清淨　無畏能以一音　盡斷一切　眾生疑網　隨其根欲　皆令歡喜　住於無上　一切種智力無

사경의 공덕은 십만억 부처님께 공양한 것과 같은 공덕이 있습니다.

嚴 엄	賢 현	切 체		薩 살	離 리	所 소
淨 정	無 무	善 선	菩 보	第 제	法 법	畏 외
盡 진	量 량	根 근	薩 살	十 십	中 중	自 자
虛 허	無 무	如 여	摩 마	住 주	佛 불	在 재
空 공	邊 변	是 시	訶 하	等 등	子 자	神 신
等 등	菩 보	廻 회	薩 살	法 법	是 시	通 통
法 법	薩 살	向 향	以 이	界 계	爲 위	廣 광
界 계	行 행	時 시	法 법	無 무	菩 보	大 대
一 일	願 원	成 성	施 시	量 량	薩 살	功 공
切 체	悉 실	滿 만	等 등	廻 회	摩 마	德 덕
佛 불	能 능	普 보	一 일	向 향	訶 하	出 출

사경의 공덕은 십만억 부처님께 공양한 것과 같은 공덕이 있습니다.

刹令一切衆生亦得如是具足成就無邊智慧了一切法
於念念中見一切佛出興於世於念念中見一切佛無邊自在力所謂廣大自在力無礙自在力淨一切衆
力不思議自在力

사경의 공덕은 십만억 부처님께 공양한 것과 같은 공덕이 있습니다.

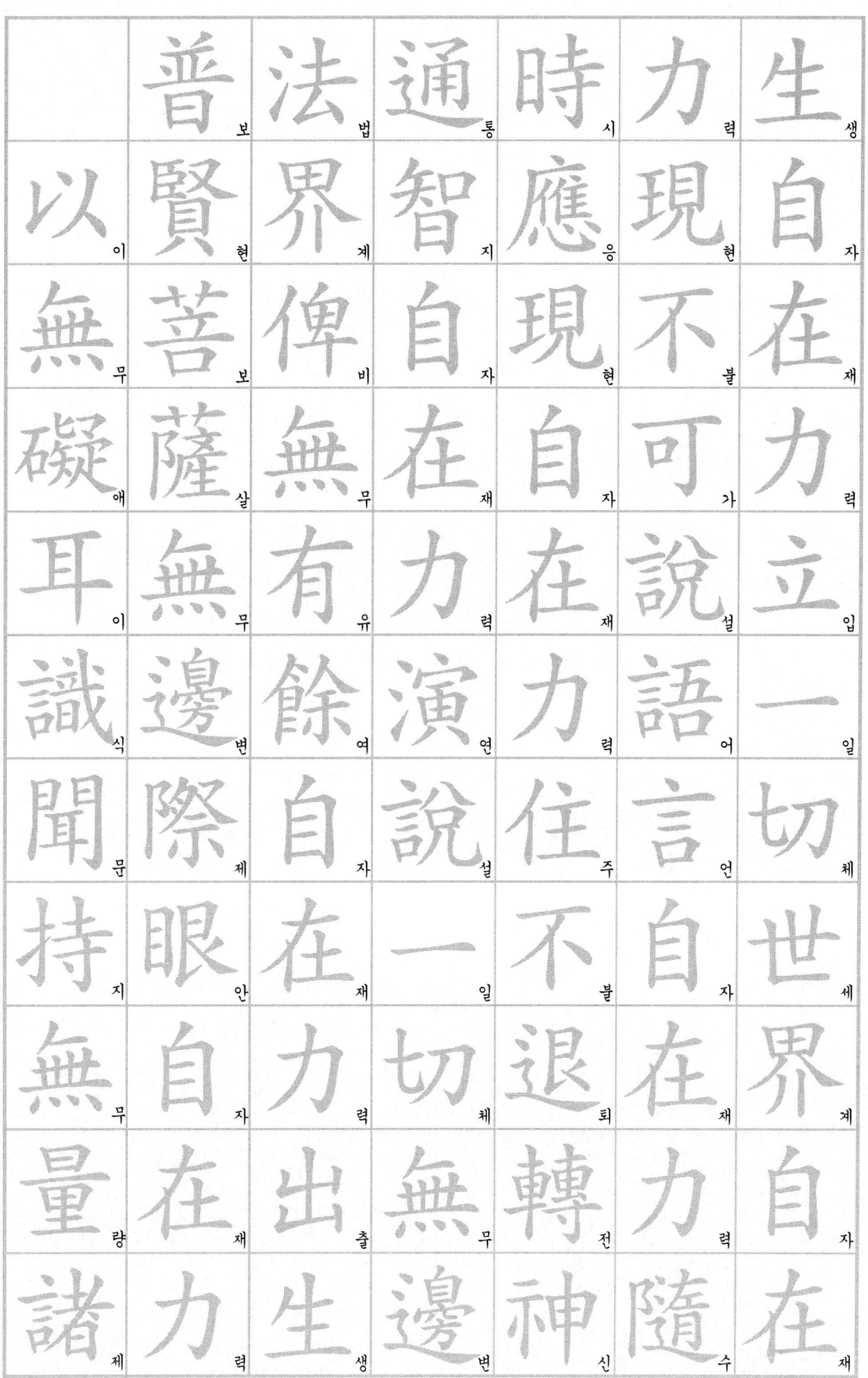

사경의 공덕은 십만억 부처님께 공양한 것과 같은 공덕이 있습니다.

佛불 正정 法법 自자 在재 力력 一일 身신 結결 跏가 趺부
坐좌 周주 徧변 十시 方방 無무 量량 法법 界계 於어 諸제
衆중 生생 無무 所소 迫박 隘애 自자 在재 力력 以이 圓원
滿만 智지 普보 入입 三삼 世세 無무 量량 法법 自자 在재
力력 又우 得득 無무 量량 清청 淨정
所소 謂위 一일 切체 衆중 生생 清청 淨정 一일 切체
佛불 刹찰 清청 淨정 一일 切체 法법 清청 淨정 一일 切체

사경의 공덕은 십만억 부처님께 공양한 것과 같은 공덕이 있습니다.

清 청		無 무	淨 정	智 지	邊 변	處 처
淨 정	出 출	邊 변	放 방	以 이	智 지	徧 변
一 일	生 생	世 세	無 무	種 종	清 청	知 지
念 념	一 일	界 계	量 량	種 종	淨 정	智 지
中 중	切 체	清 청	圓 원	言 언	得 득	清 청
普 보	三 삼	淨 정	滿 만	音 음	一 일	淨 정
入 입	世 세		光 광	普 보	切 체	徧 변
三 삼	菩 보		普 보	應 응	差 차	虛 허
世 세	薩 살		照 조	衆 중	別 별	空 공
一 일	行 행		一 일	生 생	言 언	界 계
切 체	智 지		切 체	清 청	音 음	無 무

사경의 공덕은 십만억 부처님께 공양한 것과 같은 공덕이 있습니다.

淨	皆	得	具	作	邊	諸
到	悉	平	足	所	一	佛
於	悟	等	皆	應	切	衆
彼	入	皆	得	作	世	會
岸	皆	悉	成	清	間	道
	已	現	就	淨	令	場
	觀	前	皆	如	一	智
	察	皆	已	是	切	清
	皆	悉	修	等	衆	淨
	得	知	治	皆	生	入
	清	見	皆	得	皆	無

사경의 공덕은 십만억 부처님께 공양한 것과 같은 공덕이 있습니다.

擊격	徧변	起기	動동	萬만	
佛불	徧변	震진	等등	所소	佛불	爾이
神신	擊격	等등	徧변	謂위	刹찰	時시
力력	等등	徧변	起기	動동	微미	佛불
故고	徧변	震진	踊용	徧변	塵진	神신
法법	擊격	吼후	徧변	動동	數수	力력
如여		徧변	踊용	等등	世세	故고
是시		吼후	等등	徧변	界계	十시
故고		等등	徧변	動동	六육	方방
雨우		徧변	踊용	起기	種종	各각
衆중		吼후	震진	徧변	震진	百백

사경의 공덕은 십만억 부처님께 공양한 것과 같은 공덕이 있습니다.

億억		幡번	天천	摩마	天천	天천
不불	阿아		上상	尼니	衣의	華화
可가	僧승		妙묘	寶보	服복	天천
說설	祇기		蓋개	天천	天천	鬘만
天천	諸제		天천	沈침	珍진	天천
妙묘	天천		種종	水수	寶보	末말
法법	身신		種종	香향	天천	香향
音음	無무		幢당	天천	莊장	天천
不불	量량		天천	栴전	嚴엄	諸제
可가	百백		雜잡	檀단	具구	雜잡
思사	千천		色색	香향	天천	香향

사경의 공덕은 십만억 부처님께 공양한 것과 같은 공덕이 있습니다.

供공양	數수	如여		千천	音음	議의
養양	天천	來래	無무	那나	咸함	天천
如여	子자	無무	數수	由유	稱칭	讚찬
來래	作작	量량	天천	他타	善선	佛불
百백	衆중	功공	子자	諸제	哉재	音음
千천	妓기	德덕	常상	天천	無무	阿아
阿아	樂악	心심	念념	恭공	量량	僧승
僧승	歌가	不불	諸제	敬경	阿아	祇기
祇기	詠영	捨사	佛불	禮예	僧승	天천
諸제	讚찬	離리	希희	拜배	祇기	歡환
天천	歎탄	無무	求구		百백	喜희

사경의 공덕은 십만억 부처님께 공양한 것과 같은 공덕이 있습니다.

	界계	說설	天천	諸제	界계	放방
爾이	兜도	如여	如여	佛불	一일	大대
時시	率솔	是시	於어	境경	切체	光광
復부	陀타	法법	此차	界계	佛불	明명
以이	天천	周주	世세	如여	刹찰	普보
佛불	宮궁	徧변	界계	來래	現현	照조
神신	悉실	十시	兜도	化화	無무	盡진
力력	亦역	方방	率솔	身신	量량	虛허
故고	如여	一일	陀타	出출	阿아	空공
十시	是시	切체	天천	過과	僧승	徧변
方방		世세	宮궁	諸제	祇기	法법

사경의 공덕은 십만억 부처님께 공양한 것과 같은 공덕이 있습니다.

各過百萬佛刹微塵數世界諸
外各有百萬佛刹微塵數諸世界
菩薩而來集會周徧十方乃能
作是言善哉善哉佛子我等皆
說此諸大廻向善哉佛子
同一號名金剛幢

悉從金剛光世界金剛幢

사경의 공덕은 십만억 부처님께 공양한 것과 같은 공덕이 있습니다.

佛	以	眷	增	彼	衆	一切
불	이	권	증	피	중	체
所	佛	屬	不	土	會	世
소	불	속	불	토	회	세
來	神	文	減	來	爲	界
내	신	문	감	래	위	계
詣	力	辭	我	爲	汝	兜
예	력	사	아	위	여	도
此	故	句	等	汝	作	率
차	고	구	등	여	작	솔
土	而	義	皆	作	證	天
토	이	의	개	작	증	천
彼	說	皆	乘	證	十	宮
피	설	개	승	증	시	궁
諸	是	亦	佛	如	方	寶
제	시	역	불	여	방	보
世	法	如	神	我	所	莊
세	법	여	신	아	소	장
界	衆	是	力	來	有	嚴
계	중	시	력	래	유	엄
悉	會	不	從	此	一	殿
실	회	부	종	차	일	전

사경의 공덕은 십만억 부처님께 공양한 것과 같은 공덕이 있습니다.

住주	大대	法법	力력		是시	諸제
三삼	悲비	界계	觀관	爾이		菩보
世세	普보	已이	察찰	時시		薩살
佛불	覆부	善선	十십	金금		衆중
種종	一일	知지	方방	剛강		來내
善선	切체	文문	一일	幢당		爲위
入입	衆중	義의	切체	菩보		作작
一일	生생	增증	衆중	薩살		證증
切체	繫계	廣광	會회	承승		亦역
佛불	心심	大대	暨기	佛불		復부
功공	安안	心심	于우	神신		如여

사경의 공덕은 십만억 부처님께 공양한 것과 같은 공덕이 있습니다.

德法成就諸佛自在之身觀
諸眾生心之所樂及其所身
一切悉分別知隨順所種
身爲現清淨妙色之身卽於法
是時而說頌曰
菩薩成就智慧
悟解無邊正法門

爲	了	菩	開	引	悉	菩
위 법	료 지	보 살	개 시	인 도	실 령	보 살
法	知	薩	示	導	令	薩
光	無	爲	甚	十	安	已
광 명	무 애	위 심	심 심	시 방	안 주	이 음
明	礙	法	深	方	住	飮
調	眞	大	難	無	正	佛
조 어	진 실	대 도	난 득	무 량	정 법	불 법
御	實	導	得	量	法	法
師	法	師	法	衆	中	海
사	법 사	도 사	법	중 중	중	해

法_법	法_법	闡_천	常_상	了_요	法_법	於_어
雲_운	日_일	揚_양	爲_위	知_지	光_광	世_세
普_보	出_출	妙_묘	難_난	入_입	淸_청	說_설
雨_우	現_현	法_법	遇_우	法_법	淨_정	法_법
十_시	於_어	利_리	法_법	巧_교	照_조	恒_항
方_방	世_세	群_군	施_시	方_방	其_기	無_무
界_계	間_간	生_생	主_주	便_편	心_심	畏_외

사경의 공덕은 십만억 부처님께 공양한 것과 같은 공덕이 있습니다.

善 선	悉 실	成 성	普 보	宣 선	以 이	具 구
修 수	能 능	就 취	爲 위	說 설	法 법	足 족
於 어	悟 오	甚 심	衆 중	甚 심	長 장	淸 청
法 법	入 입	深 심	生 생	深 심	養 양	淨 정
諸 제	諸 제	妙 묘	擊 격	希 희	諸 제	法 법
法 법	法 법	法 법	法 법	有 유	功 공	喜 희
自 자	門 문	海 해	鼓 고	法 법	德 덕	心 심
在 재						
心 심						

示	諸	成	悉	安	菩	一
시	제	성	실	안	보	일
現	佛	就	能	住	薩	切
현	불	취	능	주	살	체
世	法	法	一	一	修	如
세	법	법	해	일	수	여
間	王	性	了	切	行	來
간	왕	성	료	체	행	래
佛	所	智	法	衆	第	所
불	소	지	법	중	제	소
法	灌	藏	實	善	一	讚
법	관	장	실	선	일	찬
藏	頂	身	相	法	施	喜
장	정	신	상	법	시	희

사경의 공덕은 십만억 부처님께 공양한 것과 같은 공덕이 있습니다.

所	以	菩	親	為	演	隨
作	此	薩	從	利	說	所
皆	成	諸	衆	無	修
蒙	就	就	佛	生	量	行
佛	人	妙	法	作	最	妙
忍	中	法	化	法	勝	法
可	尊	身	生	燈	法	施

사경의 공덕은 십만억 부처님께 공양한 것과 같은 공덕이 있습니다.

則 즉	所 소	悉 실	所 소	悉 실	願 원	到 도
亦 역	作 작	以 이	有 유	以 이	令 령	佛 불
觀 관	衆 중	智 지	成 성	廻 회	一 일	莊 장
察 찰	善 선	慧 혜	佛 불	施 시	切 체	嚴 엄
彼 피	爲 위	而 이	功 공	諸 제	皆 개	之 지
善 선	衆 중	廻 회	德 덕	群 군	淸 청	彼 피
根 근	生 생	向 향	法 법	生 생	淨 정	岸 안

十方佛刹無有量
悉具莊嚴無量
如是莊嚴不可思
盡以莊嚴一不國土
如來所有清淨智
願令衆生皆具足
猶如普賢眞佛子

一 일	成 성	往 왕	一 일	皆 개	諸 제	十 시
切 체	就 취	詣 예	切 체	使 사	佛 불	方 방
功 공	廣 광	世 세	衆 중	修 수	如 여	無 무
德 덕	大 대	界 계	生 생	行 행	來 래	量 량
自 자	神 신	悉 실	無 무	菩 보	所 소	諸 제
莊 장	通 통	周 주	有 유	薩 살	開 개	衆 중
嚴 엄	力 력	徧 변	餘 여	道 도	悟 오	生 생

사경의 공덕은 십만억 부처님께 공양한 것과 같은 공덕이 있습니다.

一切(일체) 皆(개) 令(령) 如(여) 普賢(보현)
具足(구족) 修行(수행) 最上(최상) 普行(보행)
諸佛(제불) 菩薩(보살) 所(소) 成就(성취) 行(행)
種種(종종) 差別(차별) 諸(제) 功德(공덕)
如是(여시) 功德(공덕) 無(무) 有(유) 邊(변)
願使(원사) 衆生(중생) 悉(실) 圓滿(원만)
菩薩(보살) 具足(구족) 自在(자재) 力(력)

盡진	又우	觀관	菩보	普보	示시	所소
攝섭	復부	等등	薩살	詣예	現현	應응
諸제	於어	衆중	能능	十시	一일	學학
法법	一일	生생	於어	方방	切체	處처
皆개	毛모	無무	一일	無무	大대	皆개
明명	端단	數수	念념	量량	神신	往왕
見견	中중	佛불	頃경	土토	通통	學학

사경의 공덕은 십만억 부처님께 공양한 것과 같은 공덕이 있습니다.

世間衆生無有無量
菩薩悉能分別知
諸佛無量等衆生
大心供養咸令衆盡
種種名香及妙華
衆寶衣裳幡蓋
分布法界咸充滿

發心普供十方佛
一毛孔中悉明見
不思議孔無量佛
一切孔數皆如是
普禮一切世間燈
擧身次第恭敬禮
如是無邊諸最勝

사경의 공덕은 십만억 부처님께 공양한 것과 같은 공덕이 있습니다.

亦以言詞
窮盡未來
一如其數
其數無量
如是供養
一切如來
供養讚歎
諸如來復然
一切如來
亦復如是
一一如來
所有眾生具
普稱讚
一切劫讚
一一眾生
供養如來
供養讚歎

사경의 공덕은 십만억 부처님께 공양한 것과 같은 공덕이 있습니다.

盡一切劫無厭足 恭敬供養一如來 於爾所劫修諸行 一切爾世間 菩薩供養種種諸行劫 世間劫數可終盡 盡彼世間劫

盡一切劫無厭足
恭敬供養一如來
於爾所劫修諸行
一切世間
菩薩供養種種諸行劫
世間劫數可終盡
盡彼世間劫

以 이	菩 보	法 법	於 어	亦 역	供 공	如 여
大 대	薩 살	界 계	所 소	不 불	一 일	無 무
蓮 련	觀 관	廣 광	供 공	分 분	切 체	量 량
華 화	察 찰	大 대	養 양	別 별	佛 불	劫 겁
徧 변	悉 실	無 무	生 생	是 시	皆 개	供 공
布 포	明 명	邊 변	疲 피	劫 겁	如 여	一 일
中 중	了 료	際 제	厭 염	數 수	是 시	佛 불

사경의 공덕은 십만억 부처님께 공양한 것과 같은 공덕이 있습니다.

施	寶	淸	一	持	衆	諸
等	華	淨	切	以	生	妙
衆	香	莊	世	供	數	寶
色	嚴	間	養	等	蓋
無	皆	甚	無	人	無	滿
量	圓	微	可	中	量	其
佛	滿	妙	喩	尊	刹	中

사경의 공덕은 십만억 부처님께 공양한 것과 같은 공덕이 있습니다.

悉以一切供養一如來 皆如是 最殊勝 塗香無一比 佛 未曾有 一切供養此 眾生數等劫 以此供養 天人師 窮盡 末香燒香 上妙華

사경의 공덕은 십만억 부처님께 공양한 것과 같은 공덕이 있습니다.

眾寶衣服諸莊嚴具
如是奉供養無厭足最勝
歡喜奉事照世燈
等眾生數大菩提
念念成就大菩提
亦以無邊偈稱述
供養人中調御者

사경의 공덕은 십만억 부처님께 공양한 것과 같은 공덕이 있습니다.

如여	皆개	如여	如여	以이	悉실
衆중	修수	衆중	是시	佛불	見견
生생	無무	生생	是시	神신	十시
數수	上상	數수	讚찬	力력	方방
佛불	妙묘	無무	無무	諸제	無무
世세	供공	量량	窮궁	佛불	量량
尊존	養양	劫겁	盡진	時시	佛불

사경의 공덕은 십만억 부처님께 공양한 것과 같은 공덕이 있습니다.

安住 過去 所有 令 速 一 世
住 去 有 我 得 切 間
普 未 一 常 安 如 無
賢 來 切 修 住 來 量
菩 及 諸 普 普 所 諸
薩 現 善 賢 賢 知 眾
行 在 根 行 地 見 生

悉	爲	此	共	諸	此	十
願	聰	是	所	佛	廻	方
具	慧	十	修	如	向	世
足	者	方	治	來	行	界
如	所	諸	廻	爲	最	無
普	稱	大	向	我	無	有
賢	讚	士	行	說	上	餘

其中一切諸衆生
莫不咸令得開覺
悉使常如普賢行
如其迴向於布施
亦復堅持於禁戒
精進長時無退怯
忍辱柔和心不動

禪	智	去	世	菩	如	一
定	慧	來	間	薩	是	切
持	了	現	無	身	所	修
心	境	在	心	心	作	行
常	同	皆	得	及	皆	無
一	三	通	其	語	清	有
緣	昧	達	邊	業	淨	餘

사경의 공덕은 십만억 부처님께 공양한 것과 같은 공덕이 있습니다.

諸佛如來已開示
智者所有廻向法
心常如如離諸取
亦如涅槃無障礙
戲論染著皆永盡
譬如法界無分別
悉與普賢菩薩等

種種善根悉廻向
是故能成善薩道
佛子無量善行願
此悉成滿廻向
無量法界盡無餘
攝取故能成善
是故能成善
若欲成就佛所說

菩薩廣大殊勝行
宜應善住此普廻向
是諸佛善子號普賢
一切眾生猶可數
三世心量亦可知
如是普賢諸佛子
功德邊際無能測

사경의 공덕은 십만억 부처님께 공양한 것과 같은 공덕이 있습니다.

一毛度空可得邊
衆刹爲塵可知數
如是大仙諸佛子
所住行願無能量

發 願 文

| 귀의 삼보하옵고 |
| 거룩하신 부처님께 발원하옵나이다. |
| |
| |
| |
| |
| |
| |
| |
| |
| |
| |
| |
| |
| |
| |

주 소 : _____

전 화 : _____ 불명 : _____ 성명 : _____

불기 25 _____년 _____월 _____일